AF453798

THÉORIE

DE

LA MONNAIE

PAR

MARIANO TANCO

TRADUIT

Par M. ÉMILE LEGRAND.

PARIS

IMPRIMERIE DE PILLET FILS AÎNÉ

RUE DES GRANDS-AUGUSTINS, 5

—

1865

Au moment où les questions de finances sont plus que
jamais à l'ordre du jour, tant dans les assemblées parle-
mentaires que dans les commissions plus spécialement
chargées d'étudier d'une manière approfondie les règles
qui régissent la matière, nous avons cru de notre devoir
de mettre sous les yeux des économistes les chapitres suivants du *Traité d'Économie politique* de Monsieur M. Tanco,
dont nous nous sommes empressé de faire la traduction,
avec l'intime conviction que l'on y trouvera la question de
la monnaie traitée sous un jour tout nouveau, et qui doit
arriver à servir de doctrine dans la science.

Emile LEGRAND.

DIGRESSION

SUR LA

THÉORIE DE LA MONNAIE.

La monnaie, avons-nous dit, est une des formes du crédit. Imbu de cette vérité, il y a longtemps que nous en cherchons la preuve dans les liens les plus accrédités de la science. Mais, s'il est vrai qu'en nous arrêtant à quelques pensées isolées et même contradictoires que nous y avons trouvées, qui pourraient nous faire pressentir la théorie que nous avons énoncée, rigoureusement parlant, nous croyons qu'elle a été méconnue jusqu'à ce jour.

C'est avec la conviction la plus profonde que nous prétendons la soutenir dans cet opuscule; mais avant de commencer l'exposé pur de notre théorie, nous croyons à propos, pour plus d'éclaircissement, de détruire d'abord les causes qui s'opposent à son admission, en combattant les doctrines établies par les économistes sur cette question, lesquelles sont ouvertement en contradiction avec les principes sur lesquels nous essayons de l'appuyer. Pour méthodiser cette étude, nous nous permettrons de rafraîchir la mémoire du lecteur en reproduisant brièvement ces doctrines qui, sous l'autorité de noms éminents, sont devenues aujourd'hui incontestables. Elles peuvent se résumer dans les articles suivants que nous allons copier textuellement :

SMITH : « Sans doute, l'or et l'argent, comme toute « autre marchandise, varient de valeur, étant tantôt plus « chers, tantôt meilleur marché ; quelquefois de difficile « acquisition, et d'autres fois faciles à obtenir. *La somme « de travail que peuvent acheter ou imposer ces métaux, ou « bien la quantité d'autres marchandises que l'on peut acquérir « en échange, dépend toujours de la fécondité ou de la « stérilité des mines exploitées à l'époque où se font les « échanges* [1]. »

SAY : « *On voit que la monnaie est une marchandise « comme toute autre dont la valeur dérive de son usage com-« biné avec les frais de production ; c'est-à-dire de la quan-« tité offerte ou demandée au prix auquel on peut la livrer* [2]. »

RICARDO : « L'or et l'argent, comme toute autre mar-« chandise, n'ont qu'une valeur proportionnée à la « somme de travail nécessaire pour les produire et les « faire arriver à leur marché [3]. »

MILL : « La valeur de la monnaie, comme celle de toutes « les marchandises, ne peut être déterminée uniquement

(1) *Richesse des nations*, t. I, p. 141.
(2) *Cours d'économie politique*.
(3) *Principes d'économie politique*, t. II, p. 204.

« *par l'offre et la demande; elle doit en définitive être réglée*
« *par les frais de production* [1]. »

Chevallier : « La monnaie peut se définir ainsi : un
« instrument qui sert de mesure dans les échanges, *et qui*
« *par lui-même est un équivalent* [2]. »

Coquelin : « *La monnaie est une marchandise. Elle a une*
« *valeur propre et intrinsèque, et c'est en raison de cette va-*
« *leur qu'elle est reçue dans les échanges. Personne n'ignore*
« *cette vérité* [3]. »

Telle est la conformité d'opinions qui règne entre les
économistes, et telle est l'origine de ce canon de la science
qui a classé la monnaie au rang des marchandises, et par
conséquent l'a assujettie aux mêmes lois économiques qui
gouvernent la production et la valeur d'échange en général.

Nous avons, quant à nous, l'intime conviction que ce
ne sont pas les caractères ni la catégorie légitimes de la
monnaie : Nous croyons que c'est une des formes les
plus transcendantes du crédit, dans laquelle entre
comme un des éléments de sa valeur d'échange, la valeur
naturelle des métaux dont elle se compose.

Il est hors de doute, néanmoins, que dans les temps
primitifs, où les sociétés eurent recours à des objets dé-
terminés pour faire les premières formes de la monnaie,
elle ne put rendre le service auquel on la destinait, et ce
ne fut qu'en vertu de sa valeur intrinsèque, parce que la
confiance, qui marche toujours en parallèle avec la civilisa-

---

(1) *Principes d'économie politique*, t. I, p. 65.
(2) *Dictionnaire d'économie politique*, t. II, p. 200. Cette définition paraît
être, en résumé, la même que donne Lord Liverpool.
(3) *Théorie du crédit*, ch. xi. p. 47.

tion, ne put exister dans l'enfance des sociétés à un degré plus élevé. Mais il est pour nous tout à fait certain que les hommes et les peuples, liés par les servitudes qui naissent du constant échange des services, ont généralement adopté les métaux précieux pour en faire l'instrument des échanges, dont la circulation s'est étendue dans l'espace et dans le temps par la force de l'habitude, qui ne souffre ni recherches ni réflexion, et on a fini par accepter les monnaies comme billets au porteur fournis en feuilles d'or ou d'argent, dont la valeur, fixée depuis bien longtemps, s'est toujours payée et se paye sans examen ni discussion. De là quelques faits anormaux dans le terrain de la science, telle qu'on l'accepte, qui ont lassé en vain de grands écrivains dans le difficile labeur d'assigner leurs causes sans s'éloigner d'un point des principes admis. Ces phénomènes peuvent se réduire aux suivants :

1° *Que les métaux précieux ne tirent pas leur valeur* [1] *des mêmes causes que les autres marchandises en général;*

2° *Que la monnaie ne tire pas sa valeur de celle que lui impose la matière de sa composition; et*

3° *Que malgré les causes naturelles qui ont dû déterminer en elle une dépréciation relative à l'augmentation de sa production, la monnaie a conservé une grande fixité et une élévation de valeur dont ne jouirait aucune autre marchandise dans le même cas.*

Examinons chacun de ces phénomènes dans l'ordre qu'on leur doit.

[1] Chaque fois que nous disons *valeur* simplement dans cet écrit, on devra comprendre *valeur d'échange*.

1° QUE LES MÉTAUX PRÉCIEUX NE TIRENT PAS LEUR VALEUR DES MÊMES CAUSES QUE LES AUTRES MARCHANDISES EN GÉNÉRAL.

L'exploitation des mines d'or et d'argent, est, comme toute autre spéculation, soumise à des lois qui limitent sa production d'une manière déterminée. Si ces métaux ne tiraient pas leur valeur du fait social que nous avons signalé, et si de là leur venait la cause déterminante de leur production, ils devraient nécessairement obéir à un autre principe, qui devrait être, selon l'opinion de tous les économistes, celui que leur fixerait leur *valeur naturelle*[1]; valeur qui agissant *rétrospectivement*, régularise la production et lui pose des limites. Il en résulterait que les métaux précieux seraient assujettis à deux règles inexorables qui s'en déduisent : 1° que leur production ne pourrait être illimitée, mais bien assujettie à la demande et à la *valeur naturelle* qui la fixe et la circonscrit; et 2° qu'il ne pourrait coexister d'entreprises pour leur exploitation dans des conditions inégales de frais et de produits qui, d'un autre côté, ne pourraient être compensés, car leur valeur élevée et les moyens faciles de transport leur ouvrent avantageusement tous les marchés du monde.

Malgré l'exactitude de ces principes, relativement aux métaux précieux, il s'est présenté des phénomènes contraires; d'abord à la découverte de l'Amérique, et ensuite, les plus remarquables, à l'apparition des mines de Cali-

(1) Quand la monnaie se fait de métaux précieux, la quantité que l'on peut en mettre en circulation se détermine par les frais d'exploitation, lesquels fixent la mesure que limite l'extension de sa demande. (Say, *Epitome, etc.*, p. 590.)

fornie et d'Australie. Rappelons brièvement ces faits et voyons combien inutilement on a prétendu les conformer aux doctrines admises.

Quand le Nouveau-Monde fut découvert par Colomb, les efforts des conquérants qui le suivaient se consacrèrent uniquement et exclusivement à chercher dans ses rivières et montagnes les métaux précieux, qui, selon l'opinion universelle de cette époque, constituaient la richesse par excellence. « Les principes de gouvernement, dans ce « cas, ne se comprenaient pas, dit Prescott, et alors la « découverte d'un monde était considérée comme celle « d'une mine dont la valeur était calculée par les produits « d'or et d'argent qu'elle rendait. »

Ce fut ainsi que l'Espagne, à la recherche de cette richesse, mit sur la terre d'Amérique des millions de ses enfants et que seulement, dans une période de trois siècles, les trésors extraits du nouveau continent montèrent à la somme énorme de 5,441 millions de piastres [1].

Le manque d'un objet qui servit de *criterium* de la valeur a empêché que l'on ait estimé d'une manière positive la dépréciation des métaux précieux à cette époque mémorable. Le blé fut adopté, comme étant marchandise de valeur moins incertaine, pour servir à apprécier, en comparaison avec lui-même, la baisse de ces métaux et surtout de l'argent; mais le blé étant une production créée comme toutes les autres, avec des éléments instables de leur nature, ne peut pas échapper aux oscillations qui affectent la valeur de ces éléments, et de là la faillibilité d'un tel antécédent. Il faut donc, pour s'en servir, l'examiner et le fixer d'abord en appréciant les causes

[1] Humboldt, *Essai sur la nouvelle Espagne*, t. III, ch. xi, p. 315.

d'une autre nature qui ont pu élever ou diminuer sa valeur spécifique à l'époque indiquée. C'est pour cela que nous croyons que Say a fait erreur en prenant le blé comme mesure fixe de la valeur, et de là, tirant comme conclusion mathématique de son élévation la baisse de l'argent, sans avoir d'abord pris en considération les causes qui purent agir dans ce sens, faisant abstraction de celles qui eurent une influence spéciale sur la valeur du blé.

Qu'il suffise, en corroboration de ce que nous disons, de rappeler que Say lui-même reconnaît le fait irrécusable de la hausse constante des prix de la terre, motif suffisant par lui-même pour déterminer la cherté croissante de ses produits. De plus, la population et la richesse générale s'étant considérablement augmentées dans ces trois derniers siècles, ont dû motiver dans son prix une plus grande élévation.

Si l'on observe attentivement la marche qu'a suivie le prix du blé en Angleterre, par exemple depuis le xiiie siècle jusqu'au xviie, et qu'on les compare avec les oscillations qu'a éprouvées à la même époque la valeur de l'argent, on peut remarquer que chacun d'eux a eu des évolutions propres et indépendantes qui renversent les appréciations des économistes. En effet, l'on peut voir que depuis l'an 1210 jusqu'en 1461, c'est-à-dire pendant deux cent cinquante ans, le prix du blé est resté presque stationnaire à neuf francs le *setier*. Ce prix baissa graduellement dans les années suivantes jusqu'à quatre francs pour la même mesure de blé, et, chose remarquable, *ce même bas prix se soutient pendant les vingt premières années de la découverte de l'Amérique*. Depuis 1513 jusqu'à la moitié du siècle environ, il se releva à dix francs le

setier, prix peu supérieur, comme on le voit, à celui qui
se maintint dans la longue période que nous avons signalé,ue qoique à cette époque il y eût déjà plus d'un demi-
siècle que l'Amérique, inclus le riche Mexique, inondât
les marchés d'Europe du précieux métal. Ce ne fut qu'au
dernier quart du xvi⁰ siècle que le blé monta tout à coup
au double de son prix, en vertu de la diminution relative
de la valeur de l'argent. Mais il est à observer que plus
tard, pendant tout le xvii⁰ siècle, le blé, d'après la note
Rossi, resta à Paris aussi bien qu'en Angleterre, presque
stationnaire, quoique la production de l'argent fût alors
plus considérable que jamais. « Elle fut augmentée, dit
« Rossi, de 128 pour 100, sans que le prix moyen des
« marchandises se ressentît de cette augmentation [1]. »

Ainsi donc, tout bien considéré, l'on peut dire que la
valeur du blé s'est élevée, non-seulement en raison de
la dépréciation de l'argent, mais encore par des causes
propres et indépendantes de celle-là; c'est déjà beaucoup
admettre, et c'est l'opinion générale, que ce précieux métal ait perdu les deux tiers de sa puissance d'échange.
*Comment se fait-il donc qu'une production qui s'est élevée en
quantité de vingt-huit pour un ait à peine déterminé une baisse
dans sa valeur d'environ trois à un?* Comment la *valeur
naturelle* qui fixe constamment la *valeur d'échange* et qui
en conséquence détermine la quantité de production de
toute marchandise, n'a-t-elle presque pas eu d'influence
sur un objet produit inopinément en quantité aussi considérable? En tenant compte de la part minime que sur
un phénomène semblable on peut assigner aux causes
signalées par Smith, Say et autres économistes, reste

____

[1] *Cours d'économie politique*, t. 1, p. 194.

toujours en pied, comme ils le reconnaissent eux-mêmes, la plus grande difficulté. Ce problème devient insoluble, si nous rappelons que c'est déjà un principe admis dans la science que : « l'augmentation de monnaie apporte comme conséquence nécessaire la diminution proportionnelle de sa valeur [1]. »

Il n'a donc pu exister un fait contraire, sans qu'on dût le considérer comme anormal et sans qu'il eût appelé sérieusement l'attention des interprètes de la science. Say, en présence d'une pareille difficulté, a prétendu, comme beaucoup d'autres, lui donner une explication plausible, mais qui en même temps ne portât pas atteinte aux principes proclamés par eux-mêmes. Une entreprise semblable était tout à fait impossible, car il ne s'agissait de rien moins que d'aller contre la vérité. Écoutons Say :

« Il y a des motifs, dit-il, pour croire que la fécondité des mines de l'Amérique a répandu sur le monde une quantité *douze fois plus grande de métaux précieux que celle qui existait lors de sa découverte.* Il semble donc que dans chaque échange où l'argent entre comme terme moyen, on devra donner douze fois plus que ce que l'on donnait

(1) « La quantité de monnaie que l'on verserait en France ne changerait rien au besoin de monnaie qu'éprouve la nation. Elle n'aurait toujours à offrir contre de la monnaie que la même quantité de marchandises, et demanderait à en acheter la même quantité ; conséquemment, si l'on jetait dans la France quatre milliards de francs, au lieu de deux milliards que, dans notre hypothèse, elle possède maintenant, ces quatre milliards ne pourraient toujours acheter que la même quantité de biens ; ils ne pourraient servir qu'à conclure le même nombre de marchés. La seule différence qu'il y aurait, *serait que l'on donnerait deux francs où l'on en donne un ; une pièce de vingt sous ne vaudrait plus que ce que vaut actuellement une pièce de dix sous : et il faudrait donner deux écus de cinq francs pour acheter ce que l'on obtient maintenant avec un seul.* » — (Say, *Cours d'économie politique,* t. I, p. 389.)

avant. Mais il ne semble pas que pour acquérir en même quantité les choses qui ont dû varier moins de valeur, l'on donne plus qu'une quantité d'argent six foisplus grande[1]. »

En lisant ces lignes, on pourrait croire que Say, en prévision de graves embarras pour expliquer le phénomène qui nous occupe, sans nier sa propre doctrine, eût adopté dans ce passage un style pyrrhonien, très-étranger à son langage ordinaire, et se fût ensuite lancé dans des exagérations injustifiables, comme pour se préparer d'avance une solution moyennement acceptable. Mais si nous sommes loin d'attribuer une semblable idée à l'illustre économiste, nous ne pouvons douter, quant à nous, que, dans ces lignes, il soit tombé dans deux grandes erreurs que nous ferons remarquer avant d'aller plus loin :

1° *Certifier que l'augmentation des métaux précieux dans la période signalée fut seulement douze fois plus grande que la quantité existante; 2° que la baisse de la valeur de l'argent fut comme de 6 à 1.* Examinons-le.

Affirmer, comme Say *paraît* le faire, que la production des métaux précieux augmenta seulement de *douze fois la quantité qui existait avant,* est une erreur que contredisent les faits historiques les plus puissants. Cette production a été évaluée à 28 pour 1 au moins, sans que cette appréciation eût été contredite avec fondement par aucune des autorités en cette matière.

Quant à la dépréciation de l'argent, qu'il a prétendu déduire de la hausse relative de la valeur du blé, nous renvoyons le lecteur à ce que nous avons dit à ce sujet, nous appuyant, en plus, d'autorités respectables que nous

---

[1] *Cours d'économie politique,* t. I, p. 395.

allons citer, afin que, au cas où il n'y aurait pas, comme nous le croyons, une erreur dans les paroles de Say, il puisse le reconnaître lui-même.

« Il est vrai, dit le baron de Humboldt, que le prix du blé a *triplé* après qu'ont reflué sur l'ancien continent les trésors du nouveau. Cette hausse, qui ne se laissa pas remarquer jusqu'à la moitié du xvie siècle, se vérifia tout d'un coup entre les années 1570 et 1595, pendant lesquelles l'argent du Potosi... commença à se répandre sur tous les points de l'Europe ; mais aussi depuis cette dernière époque jusqu'en 1636, la découverte de l'Amérique produisit tout son effet (*presque après cent ans !*) quant à la réduction de la valeur de l'argent. En effet, le prix du blé n'a pas monté depuis jusqu'à nos jours ; et si quelques auteurs ont dit le contraire, c'est parce qu'ils ont confondu la valeur nominale des monnaies avec la vraie proportion qui existe entre l'argent et les grains [1]. »

Ainsi donc, la dépréciation de l'argent, d'après l'opinion de Humboldt, arriverait seulement au chiffre que nous admettons, et cela sans tenir compte de l'augmentation de prix qu'a dû éprouver le blé pour d'autres causes, que nous avons signalées, sans nous arrêter à ses rapports d'échange avec l'argent. Cette respectable opinion, jointe à celle de Smith, Rossi et autres qui la contredisent d'une manière victorieuse, démontre à l'évidence que Say a doublé la dépréciation de l'argent sans raison justifiable.

Cependant, de ces graves erreurs, quoique le fait important sur cette question soit considérablement diminué, Say a confessé que la dépréciation de l'argent a été bien

---

(1) *Essai politique sur la nouvelle Espagne*, t. 3.

inférieure à celle prescrite par les principes économiques admis, et il a essayé d'en donner l'explication par les deux raisons suivantes :

1° Parce que l'augmentation de produits exige, selon lui, l'augmention de moyens circulants, etc.;

2° Parce que l'augmentation de richesse rend nécessaire une plus grande quantité de métaux précieux pour d'autres usages.

Servons-nous des opinions du même auteur pour ramener à sa véritable importance la première considération.

« Le besoin de monnaie, dit-il, *n'augmente pas dans la même proportion que la richesse nationale*. Sans doute, là où il y a plus à échanger et plus d'activité, les échanges se multiplient davantage et exigent une quantité plus grande de l'instrument d'échange; mais il est également certain que l'activité et l'industrie font qu'on emploie l'instrument avec plus de profit .... *Les besoins d'argent n'augmentent donc jamais dans la même proportion que les autres produits* [1]. »

En présence de cette opinion, parfaitement fondée, le premier motif exposé par Say perd beaucoup de sa force. Il perd encore plus si nous rappelons que concurremment avec cette augmentation de richesse, non-seulement est venue celle des métaux précieux, mais encore l'introduction des papiers de crédit créés à l'ombre de la paix et de la sécurité dont ont joui les nations civilisées; fait qui a produit un résultat équivalent à une grande augmentation de numéraire.

Moins plausible est encore la seconde raison présentée

---

[1] *Cours d'économie politique*, t. I. p. 392.

par Say, tenant compte de la forte déduction qu'il a tirée, selon ce que nous avons observé déjà, de la quantité de métaux précieux introduits sur les marchés d'Europe pendant la période à laquelle il se réfère.

Le baron de Humboldt, dont nous devons invoquer l'autorité chaque fois qu'il s'agit de faits statistiques relatifs à l'Amérique pour cette époque, estime que depuis la découverte de cet hémisphère jusqu'au commencement de notre siècle, la production des métaux précieux monta à 28 millions de livres tournois [1]; et comme il n'existait pas même un million de cette monnaie en Europe, selon Jacob et autres respectables autorités, au moment où ce fait commençait à se produire, il est clair que Say fit erreur en l'estimant à moins de la moitié. Il se peut, et nous inclinons fort à le croire, qu'il a voulu parler de l'augmentation métallique *seulement comme moyen circulant*, ce dont conviennent avec peu de différence le même Humboldt, Forbenais, Gerbour, Rossi et autres ; mais dans ce cas, il est encore plus clair que sa raison est inacceptable, *par le double usage qu'il fait d'une seule cause de consommation, que l'on a déjà admise en réduisant à moins de la moitié la véritable importance de la production de ces métaux.*

Réduisant ainsi les observations de Say à leurs proportions légitimes, et considérant le grand courant de métaux précieux que les mines du Nouveau-Monde jetèrent sur les marchés d'Europe, et le grand nombre de signes fiduciaires que, depuis ce temps, l'on a créés pour remplir le même service que la monnaie, on voit que les deux causes signalées par Say n'auraient pas pu arrêter quand

[1] *Essai sur la nouvelle Espagne.* t. III. ch. XI. p. 315.

même sa dépréciation proportionnelle au moins par l'augmentation de la production ordinaire, si ces métaux, bien qu'adoptés pour en faire l'instrument d'échange, fussent restés dans les mêmes conditions comme production et valeur, comme toute autre espèce de marchandise. Il faut que d'autres causes, et très-puissantes, aient agi dans le sens de neutraliser l'effet de ces lois naturelles pour qu'un semblable phénomène ait pu exister.

Peut-être aurions-nous dû nous dispenser de l'examen que nous terminons, puisque un événement contemporain de la même nature s'est présenté avec des caractères encore plus connus et plus décisivement favorables à la théorie que nous soutenons. Mais en présence des faits culminants qui se sont présentés pour démentir les doctrines reçues que nous combattons, nous avons été induit à les rapporter au milieu des siècles pour faire rejaillir l'opportunité dont s'entoure toujours la vérité. Occupons-nous donc maintenant de ce second événement, en prenant pour base de notre examen l'ouvrage le plus accrédité que nous connaissions sur la question présente, et qui embrasse justement les mêmes points que nous avons déjà touchés.

————

« Il y a quelques années, dit M. Molinari, que la découverte et l'exploitation successives des terrains aurifères de Californie et d'Australie, des riches *placers* du Sacramento, des *diggins*, encore plus prodigieusement riches, du mont Ophir..... ont donné à la production de l'or un mouvement presque sans exemple dans les fastes de l'industrie humaine. En effet, dans ces dernières années, la production de l'or a décuplé : elle s'est élevée de 25 à 30,000 kilogrammes par an à une production de 150 à 300,000 kilogrammes...

« *Comment se fait-il alors que la production de l'or puisse s'effectuer dans des conditions si inégales ? Comme t là concurrence de puissantes manufactures d'or telles que celles de Californie et d'Australie n'ont-elles pas ruiné les petits ateliers du Rhin ? Voilà un phénomène dont il faut se rendre compte.*

« Ce phénomène, poursuit le même auteur, trouve son explication dans le peu d'influence que l'exploitation des nouveaux terrains aurifères a exercé sur le prix de l'or. La baisse de ce métal, depuis la découverte de la Californie et de l'Australie, n'a pas dépassé un ou deux pour cent [1]; elle a donc été insuffisante pour en restreindre la production.

« *Comment l'augmentation si considérable de l'or n'a-t-elle exercé jusqu'à ce jour qu'une faible influence sur le prix du métal ? Comment la productiou de l'or, en se décuplant, n'a-t-elle occasionné qu'une baisse de un à deux pour cent sur la valeur de cette espèce de marchandise, lorsqu'il suffit ordinairement d'une faible augmentation dans la production d'un article pour déterminer une baisse considérable dans son prix ?* »

Voici un second phénomène qu'il est important d'expliquer.

Ces faits extraordinaires, selon l'opinion de M. Molinari, sont dus à deux causes :

1° *A ce que l'or est une marchandise durable ;*

Et 2° *A ce que l'or est une marchandise de luxe.*

---

(1) En cela il y a erreur. M. Molinari a pu remarquer, après avoir écrit ces lignes, que l'or n'a baissé en rien de sa valeur.

Les causes ainsi établies, M. Molinari les appuie sur le raisonnement suivant :

« L'existence de ce dépôt (celui de l'or) qui s'augmente constamment depuis vingt ou trente siècles, donne en partie l'explication du peu d'influence que le développement extraordinaire dans la production de l'or a exercé sur sa valeur. S'il s'agissait d'un produit de peu de durée, par exemple du blé, une augmentation beaucoup moindre de la production annuelle aurait exercé sur son prix une influence beaucoup plus sensible. La raison vient de ce que l'approvisionnement du blé provenant d'années antérieures n'a qu'une importance secondaire comparée à la production annuelle, d'où il résulte qu'une différence, bien que peu considérable dans la somme de la récolte, suffit pour modifier sensiblement le chiffre total de l'existence. C'est ainsi que, dans un pays où la production annuelle des grains est de 50 millions d'hectolitres, terme moyen, l'existence des années antérieures arrive rarement au chiffre de 25 millions de la même mesure ; et bien que dans ce pays les récoltes viennent donner un excédant de la moitié sur le terme moyen annuel, l'existence totale se trouvera presque doublée d'une année sur l'autre... Mais qu'il s'agisse d'un produit durable, la situation sera bien différente. En admettant, par exemple, qu'il y ait eu dans le monde, avant la découverte des terrains aurifères de Californie et d'Australie, une existence d'or de 20 à 25 millions et une production annuelle d'un million, l'augmentation de la production, si considérable qu'elle l'a été depuis quelques années, n'a pu augmenter que dans une proportion très-faible la masse existante du métal. Il y avait, en 1848, de 20 à 25 millions d'or dans le monde, aujourd'hui (1854) il y en a près d'un dixième de plus, c'est-à-dire une quantité relativement insignifiante pour faire baisser sensiblement la valeur de la masse entière. »

Voilà une argumentation plus spécieuse que solide, et pour le démontrer, nous prendrons, par exemple, le cuivre, dans lequel réside la même condition de *durée*, d'où l'on a cru tirer la solution du problème, et voyons si les mêmes phénomènes pourraient en résulter en présence de l'abondance de ce métal.

La quantité de cuivre produite annuellement par les mines s'absorbe tout entière par une demande équivalente qui la retire du marché et la destine à des usages spéciaux. Ainsi donc, le cuivre produit dans les derniers siècles a disparu du marché proprement dit; et quoiqu'il en existe quelque peu en dehors, dans le langage économique, on le dit consommé, car ne pouvant se présenter de nouveau à l'offre, c'est comme s'il n'existait pas. Pour l'*offre*, en effet, peu importe la qualité de la consommation, soit que la marchandise s'évapore au moment de la vente, soit qu'elle reste en service un jour, une année ou un siècle, tout lui est indifférent, si, en définitive, ces objets ne reparaissent plus en concurrence avec la production nouvelle. Le cuivre produit pendant les trois mille dernières années concourt-il, par hasard, avec celui qui se produit chaque année? Et s'il n'est pas offert, qu'importe son existence? Absolument rien.

Cela est si vrai que si les mines de cuivre diminuaient en une année la quantité ordinaire de leur production, ou qu'elle cessât entièrement, la même demande existant, le prix de ce métal monterait nécessairement, en raison de la réduction qu'aurait soufferte la production. Celle-ci, on le sait, *se détermine en vertu de la demande, et sa valeur par le besoin.* Si donc la production annuelle de cuivre se limite nécessairement à la demande qu'on en fait, quelle influence peut exercer sur son prix le cuivre accumulé dans les siècles passés et qui se trouve employé en cloches et autres instruments, si malgré cela la demande existe? Il est clair qu'il n'y en aura aucune.

Si, d'autre part, on accepte la théorie de M. Molinari, on doit aussi admettre, ce qui est tout à fait faux, que la consistance des métaux serait une cause de leur constante dépréciation, supposant que l'on admette que, dans telle circonstance, la production de ces métaux dans les siècles derniers concourt en offre d'une manière permanente et influe par conséquent sur son prix.

Nous jugeons que l'argument de M. Molinari prendrait une certaine consistance si l'or, indépendamment d'être une marchandise durable, ce qui ne conclut à rien, devient principe monétaire et assume la condition exceptionnelle, par ce fait, de rester de longues années en circulation. Cette circonstance, en effet, change d'une manière apparente la situation particulière de l'or en comparaison avec les autres métaux; mais s'il est vrai qu'avec cet élément la thèse de M. Molinari paraît fondée sur meilleures raisons, en en examinant bien le fond, on voit qu'elle est aussi fausse que l'autre.

Il est vrai que l'or transformé en monnaie semblerait devoir influer d'une manière stable dans l'offre avec toute l'importance de ce qui a été produit dans tous les siècles antérieurs, et que, pour cette raison, celui qui se produit chaque année, quelque considérable que paraisse sa production d'une manière absolue, serait insignifiant d'une manière relative. Il faut répéter ici en partie ce que nous avons déjà dit. Le commerce de l'or, rigoureusement parlant, est celui que l'on fait avec la production de chaque année, *et cette production, pour exister, doit avoir forcément une cause propre et nécessaire qui la détermine;* par conséquent, la demande d'or, qui se fait chaque jour, *est un fait nécessaire* qui subsiste en dépit de toute autre considération. Si la demande n'était pas équivalente à la production, celle-ci diminuerait ou cesserait complétement à cause de la baisse croissante de son prix. *L'or étant donc produit chaque jour en raison d'une demande de chaque jour,* ne pourrait cesser d'être produit en sa qualité de simple marchandise, sans qu'il se présentât une hausse dans sa valeur. Ceci est une des vérités les plus élémentaires de la science.

La première proposition de M. Molinari est donc évidemment fausse. Reste à examiner la seconde.

« *L'or ne baissera pas, dit cet auteur, quand même sa production augmenterait, parce que c'est une marchandise de
luxe.* »

Ceci est plutôt un paradoxe qu'une raison qui puisse se soutenir en présence de la moindre analyse des faits; faits bien connus qui ont déjà servi de bases à une théorie contraire d'une exactitude irrécusable. Ecoutons ses raisons :

« Selon l'évaluation faite par Gregory King, un déficit ou un excédant d'un dixième dans l'approvisionnement du blé suffit pour élever ou baisser son prix de trois dixièmes. Nous ne garantissons pas l'exactitude de cette appréciation; mais tout le monde a pu s'assurer qu'il suffit d'augmenter ou de diminuer en minime quantité l'existence du blé ou de tout autre article de première nécessité pour que son prix subisse une hausse ou une baisse beaucoup plus considérable. Il arrive autre chose avec l'or, puisque l'augmentation d'un dixième dans son existence ne l'a fait baisser que de deux pour cent de sa valeur! D'où provient donc cette différence?

« Elle provient de ce que le blé étant un article nécessaire à la vie, sa demande ne diminue jamais en proportion de l'offre. Elle se soutient et reste presque sans altération quand même l'offre est diminuée d'une manière considérable. Les consommateurs de blé continuent à le demander, et ils se résigneraient aux plus grands sacrifices avant de renoncer à cet aliment indispensable. L'or est bien loin d'avoir les mêmes caractères de nécessité. A la rigueur, on peut renoncer à la monnaie, aux bijoux et à la vaisselle plate. Ainsi donc, quand bien même l'or viendrait à éprouver de la rareté, quand la production aurifère ne suffirait pas à la demande croissante de ce métal, comme on l'a vu au commencement de ce siècle, la demande diminuerait à son tour. On préférerait renoncer à l'or avant de le payer plus cher. On emploie moins les ornements d'or, on prodigue moins les dorures, et dans les pays pauvres le service de la monnaie d'or cesse entièrement. On se contente de celui de l'argent, quoique moins facile à manier et à transporter. La demande de l'or diminuant ainsi en proportion de l'offre, ce métal de luxe ne peut hausser que dans une faible mesure aux époques de rareté. Maintenant, que cet état de rareté vienne à cesser, que l'or reparaisse au marché en quantité suffisante pour satisfaire aux besoins de la consommation, qu'arrivera-t-il? *Précisément le contraire de ce que nous venons de dire; on verra augmenter la demande concurremment avec l'offre et soutenir ainsi pendant un temps plus ou moins long le prix du métal. L'or prendra de plus en plus la place de l'argent dans la circulation monétaire,*

ainsi que celle des suppléants qu'on lui a donnés dans les in-
dustries de luxe. Tant qu'il n'aura pas rempli ces diverses
nécessités, tant qu'il n'aura pas fait disparaître de la circula-
tion et des industries de luxe les métaux inférieurs auxquels
sa rareté a obligé d'avoir recours, l'or ne sera pas déprécié.
SON ABONDANCE NE LE FERA PAS BAISSER, DE MÊME QUE SA
RARETÉ N'EN A JAMAIS ÉLEVÉ LE PRIX.

« *Voici, conclut cet auteur, comment on peut expliquer ce*
phénomène, qui, à première vue, paraît inexplicable, savoir :
qu'une augmentation de mille pour cent dans la production
de l'or n'ait produit qu'une baisse de deux pour cent dans la
valeur de ce métal [1]. CELA VIENT DE CE QUE L'OR EST EN
MÊME TEMPS UNE MARCHANDISE DURABLE ET UNE MARCHAN-
DISE DE LUXE. »

Nous acceptons comme bonne une partie de cette argumentation, mais nous sommes bien loin de trouver bonnes
ses conclusions. Les prémisses amènent logiquement à
des conclusions contraires.

Il est vrai qu'un article comme le blé, s'il arrivait à
diminuer de dix pour cent de sa production ordinaire,
pourrait élever sa valeur aux 25 ou 30 pour cent dont
parle M. G. King; car c'est un fait constamment observé
que les articles de première nécessité, dont la demande
se restreint très-peu en cas de rareté, élèvent leur valeur en
plus grande proportion. Mais, pour la même raison,
quand arrive l'abondance de ces articles, leur valeur ne
baisse pas considérablement, comme l'affirment les deux
écrivains que nous avons cités; car, pour nous servir
d'une métaphore, leur valeur descendant par le plan in-

---

[1] M. Molinari, nous le répétons, s'est rendu justice en avouant que c'est
une erreur de sa part. L'or n'a pas baissé du tout.

cliné que leur impose l'abondance, leur marche descen-
dante se trouve contenue par la force contraire qui se
déroule en même temps à cause de la plus grande consommation qu'en détermine le bon marché. Avec les objets de luxe on voit se vérifier les phénomènes opposés.
En cas de restriction de la production ordinaire, de dix
pour cent par exemple, l'augmentation de valeur haussera
à peine dans la même proportion, car, comme le dit
M. Molinari lui-même, il est facile de renoncer à l'usage
des objets de luxe quand ils montent de prix; mais pour
le même motif, en cas d'abondance, ils baissent fortement, leur consommation, peu nécessaire, ne pouvant
s'étendre sans pénétrer dans les classes moins aisées.
Ici, continuant la métaphore, nous ajouterons que la valeur de ces objets, en semblable hypothèse, baissera par
le plan incliné qu'établit l'abondance, la baisse se préci-
pitant plus par l'impulsion additionnelle que lui imprime
la dépréciation à laquelle sont assujettis les objets de luxe
quand ils cessent d'être rares.

Nous ne pouvons comprendre, et nous le disons avec
peine, comment il se fait qu'un écrivain aussi illustre que
M. Molinari ait pu porter sa fidélité aux doctrines économiques en matière de monnaies, jusqu'au point d'affirmer
et de s'efforcer de prouver que l'or, simple marchandise,
par le seul fait d'être un objet de luxe, *n'est pas soumis à
baisser de valeur quand il abonde, ni à hausser quand il devient rare.* C'est renverser les plus solides doctrines de
l'économie politique pour sauver une autre doctrine plus
que douteuse qui les contredit. C'est brûler l'édifice pour
en conserver une faible part qui tremble.

Qui ignore que les pierres précieuses, par exemple,
perdraient sensiblement de leur valeur si leur production

augmentait fortement? Nous croyons que rien n'est mieux prouvé en économie politique que la doctrine opposée à celle qu'a prétendu soutenir en cela M. Molinari. Il peut observer en effet, en s'arrêtant un peu, *que toute marchandise résistant à l'élévation de sa valeur en cas de rareté est très-susceptible de diminuer en cas d'abondance.* Ainsi donc, soutenir que l'or monte difficilement quand il devient rare, comme l'assure avec fondement M. Molinari, c'est vouloir affirmer que, dans le cas contraire, il baissera beaucoup plus que la proportion de son augmentation.

Donc les raisons apportées par cet écrivain pour donner une solution au phénomène inexplicable qu'a présenté la valeur de l'or, qui n'a pas suivi l'influence de l'abondance, non-seulement laissent la difficulté pendante, mais, en vertu de quelques-unes d'elles, prend de plus grandes proportions.

Après cet examen, nous pouvons terminer l'article en demandant de nouveau :

D'où vient que l'exploitation des mines d'or, riches ou pauvres, de l'Amérique, de Russie et même du Rhin n'a pas cessé un moment, bien que les prodigieuses sources aurifères de Californie et d'Australie produisent des quantités énormes d'or à des conditions énormément plus avantageuses? D'où vient que dans la production de ce métal, différemment de toute autre marchandise, il coexiste des entreprises dans des conditions si distinctes? D'où vient enfin que la production annuelle de l'or s'étant augmentée de mille pour cent, il y a déjà plusieurs années, n'a pas souffert la plus minime réduction dans sa valeur?

Selon nous, c'est parce que, malgré ce qui est arrivé, l'or n'a éprouvé aucune influence qui puisse l'altérer dans la source principale de sa valeur, parce que, comme nous l'avons dit au commencement de cet article, il ne tire pas sa valeur des mêmes causes que les autres marchandises en général.

2° QUE LA MONNAIE NE TIRE PAS SA VALEUR DE CELLE QUE LUI IMPOSE LA MATIÈRE DE SA COMPOSITION.

Ce que nous venons d'affirmer dans l'article précédent appuie avec efficacité la vérité que renferme la proposition dont nous allons nous occuper. S'il est vrai, comme nous croyons l'avoir démontré, que l'or brut n'a pas obéi à la loi économique quant à sa production et à sa valeur, il suffira de prouver dans cet article que les métaux précieux et la monnaie dont elle se forme sont une seule et même chose, et que, la valeur de l'or ne dérivant pas d'une cause naturelle, elle doit forcément lui venir d'une autre cause propre de la monnaie, à laquelle concourent des circonstances spéciales capables de la déterminer.

Entre les métaux précieux et la monnaie, il ne doit exister que la différence provenant du sceau qu'elle porte pour donner la sécurité, pour assurer à la simple vue le poids et le titre des métaux. Cette simple opération se fait partout, presque sans frais; et dans quelques pays tels que l'Angleterre, la Russie et les États-Unis d'Amérique, on ne prélève même rien. C'est vouloir chercher des difficultés inutiles et étrangères à la science que de s'arrêter à des incidents de cette nature. Si l'or brut se

vend pour de la monnaie d'or, il est naturel que d'ordinaire il n'y ait pas plus de différence dans la valeur que
celle résultant du coût minime de frappage, ni plus ni
moins. Et comme ce coût doit être celui qui se fait chez
les nations les plus avancées, son importance est non-
seulement insignifiante, mais encore uniforme.

Peu importe que dans les temps passés on ait porté
l'erreur dans la matière jusqu'au point de croire que les
gouvernements avaient, dans la monnaie, ingérance et
droit excédant leur légitime mission, limitée, dans ce
cas, comme nous l'avons dit, à certifier le poids et le
titre des métaux.

L'avancement de la civilisation et la liberté du commerce ont prouvé que ces faits frauduleux, dont l'histoire
est remplie, ont appartenu à des temps d'ignorance des-
quels il n'est resté que l'utile doctrine qu'on n'attaque
jamais la morale en matière économique sans que la
science elle-même mette en évidence ces vains et funestes
résultats. Les principes sains, reconnaissant dans la valeur des monnaies celle qui leur vient du *consentement
libre des hommes*, ne pourraient établir aucune différence
entre les monnaies et les métaux dont elles sont formées
qui excédât les frais de monnayage, parce que tel essai,
en plus d'une possibilité très-limitée, attirerait toujours
plus de préjudice que d'avantage.

S'il est indubitable que l'or n'est pas gouverné dans sa
production et dans sa valeur par des lois naturelles, comment pourrait-on, en vertu de ces mêmes lois, en déterminer une à la monnaie dont elle se forme? La monnaie d'or ayant été acceptée par une entente tacite et
universelle, comme le reconnaissent tous les économistes,
il y a raison de croire que si la matière de sa composi-

lion est *aberrante* dans les causes de sa valeur, elle la tire
de la monnaie, dans laquelle on reconnaît d'autres causes
propres d'elles-mêmes, d'où lui vient une plus grande
puissance d'échange. Mais comme la monnaie d'or et l'or
sont une même chose, comme nous l'avons dit, la première n'a pu s'accepter pour une valeur déterminée
sans qu'elle puisse manquer de se refléter sur le second.

Passons maintenant à l'examen de la dernière proposition.

3° QUE MALGRÉ LES CAUSES NATURELLES QUI ONT DU DÉTER-
MINER EN ELLE UNE DÉPRÉCIATION RELATIVE A L'AUGMEN-
TATION DE SA PRODUCTION, LA MONNAIE A CONSERVÉ UNE
GRANDE FIXITÉ ET UNE ÉLÉVATION DE VALEUR DONT NE
JOUIRAIT AUCUNE AUTRE MARCHANDISE DANS LE MÊME CAS.

La monnaie étant le *medium* des échanges, doit possé-
der l'avantage d'une plus grande stabilité de valeur que
les autres marchandises pour que son service corres-
ponde à la nécessité qui l'a fait créer. Si sa valeur était
aussi incertaine que celle des objets qu'elle échange, son
service trouverait à chaque pas de graves difficultés, car ne
pouvant savoir pour chacune sa valeur d'échange dans
un moment donné, la méfiance apparaîtrait de suite et
inutiliserait son service. En effet, on aurait peu avancé
en introduisant un troisième élément dans chaque
échange, si cet élément, par lui-même, venait ajouter un
danger de plus dans les transactions, qui, dans la ma-
jeure partie des cas, deviendraient aléatoires. L'instinct

des hommes, souvent plus perspicace que leur raisonnement, leur a suggéré la nécessité de maintenir, autant que possible, la fixité dans la mesure qui doit faciliter les échanges. A quoi servirait une mesure de longueur, par exemple, si chaque fois que nous en requérons le service, nous étions obligés de chercher ses dimensions? Si on n'avait pas trouvé le moyen de lui donner une stabilité, on y aurait certainement renoncé. Cela même serait arrivé avec la monnaie si elle était soumise aux fluctuations constantes de la *valeur naturelle*. Il semblerait que la société, par un mouvement de suprême intelligence, ait voulu placer la valeur de la monnaie dans l'unique point de sécurité possible, tel que l'élévation de la *valeur naturelle* qu'elle a accordée aux métaux dont elle est formée.

Il y a un fait décisif, selon nous, autant pour prouver la grande fixité de la valeur que gardent les métaux précieux que ce qu'il y a en cela d'arbitraire. Nous voulons parler du rapport de valeur qui existe entre l'or et l'argent.

« Depuis 1525, dit Humboldt, jusqu'à la découverte du Brésil, fin du xvi° siècle, le poids de l'argent importé en Europe a été supérieur à celui de l'or *comme* de 60 à 65 pour 1. Ce ne fut que dans la première moitié du xviii° siècle que le commerce des métaux précieux subit une révolution extraordinaire : car bien que le produit des mines d'argent ait peu varié, le Brésil, le Choco, Antioquia, Popayan et le Chili ont envoyé une quantité d'or tellement considérable, que l'Europe n'a peut-être pas retiré de l'Amérique 30 marcs d'argent pour 1 d'or. Dans la seconde moitié du dernier siècle, la masse d'argent a été augmentée de nouveau sur le marché. Les mines du

Mexique ont donné à l'Espagne, une année dans l'autre, deux millions et demi de marcs d'argent au lieu de six cent mille qu'elles donnaient depuis 1700 jusqu'à 1710, et comme la production de l'or n'a pas continué à augmenter dans la même proportion, il en est résulté que depuis 1750 jusqu'à 1800 la quantité d'or importée en Europe a été comme de 1 à 40[1]. »

« En 1850, dit Chevallier, cette proportion était seulement de 1 à 4. C'est le bouleversement le plus complet de la proportion qui existait au commencement de ce siècle[2]. »

Voyons en résumé les divers rapports qu'a eus la production de l'or et de l'argent dans les trois derniers siècles :

                De 1525 à 1600.......   de 65 à 1.
                Jusqu'en 1650..........   de 30 à 1.
                Jusqu'en 1710..........   de 40 à 1.
                En 1850 ....   de 4 à 1.

Et comme il est évident que durant cette période l'inégalité dans le rapport de la valeur de ces métaux n'a pas parcouru une échelle plus grande que de 1 à 6 pour cent[3], quand celle de la production en a parcouru une autre qui a monté jusqu'à 60 pour cent, on ne comprend pas qu'avec les théories acceptées par la science un semblable phénomène ait pu exister, quoi que l'on puisse accorder aux causes que l'on signale à ce sujet. Il paraît naturel que ces métaux auraient dû suivre pas à pas, dans leur rapport de valeur, les mêmes fluctuations que leur pro-

(1) *Essai sur la nouvelle Espagne*, t. III, ch. XI, p. 319.
(2) *Dictionnaire de l'économie politique*, t. II, p. 163.
(3) *Histoire de la Monnaie*, par Garnier, t. II, p. 355.

duction. Une telle anomalie ne peut s'expliquer qu'en admettant, ce qui pour nous est évident, que la fixité de ce rapport de valeur, à côté d'une variation constante dans la production des métaux, provient de ce que dans la valeur de la monnaie il y a une part qui lui a été donnée par le consentement universel, unique élément capable de produire un semblable résultat; car il est évident que si les monnaies d'or et d'argent jouissaient d'une fixité dans leurs valeurs comparées aux autres objets, leurs valeurs comparées entre elles devraient garder la même stabilité.

De plus, dans la question présente, il suffirait d'invoquer les faits les plus connus et les plus notoires. L'Amérique, pendant trois siècles, a inondé le monde d'une énorme production de métaux précieux. Le moyen circulant a augmenté de plus de *douze cents pour cent*, et cependant c'est beaucoup si l'on a démontré qu'il ait perdu les deux tiers de sa valeur. La Californie et l'Australie ont augmenté tout à coup la production de l'or, déjà très-considérable, *de mille pour cent*, et bien des années se sont écoulées sans que jusqu'à présent on ait expérimenté en lui la moindre dépréciation; soit qu'on le compare à la valeur des autres marchandises en général, soit qu'on le compare à celle de l'argent en particulier, dont le rapport en quantité s'est si profondément altéré.

L'apparition de cette prodigieuse masse d'or arracha au commencement un cri d'alarme qui, pendant quelques instants, parut menacer l'existence de la monnaie de ce métal; mais l'instinct des peuples triompha des prophéties des savants. La monnaie d'or continua à circuler sans aucune dépréciation, parce que le second élément que nous avons signalé en elle fut plus fort que la loi écono-

mique. Ce fait a été pris et a dû l'être pour un phénomène extraordinaire par ceux qui suivent la doctrine que
l'or est une simple marchandise. Mais ce n'a été, cependant, que le résultat non-seulement naturel, mais encore
nécessaire d'un autre fait puissant qui l'a produit, bien
qu'on l'ait reconnu et qu'on ignore encore son existence.

Notre théorie acceptée, les phénomènes inexplicables
qu'ont présentés la production et la valeur des métaux
précieux, aux époques citées, se prêtent à recevoir la solution la plus facile et la plus naturelle :

*1° Parce que la monnaie ayant, du consentement général,
une valeur d'échange plus élevée que sa valeur naturelle, elle
ne peut recevoir d'influence dominante du coût de production
qui agit uniquement comme cause secondaire de sa valeur et
de sa production ;*

*2° Parce que la monnaie jouissant de cette grande valeur
fictive, il en résulte qu'elle a une influence naturelle sur les
métaux dont elle se forme, puisqu'il y a un intérêt évident et
une grande facilité de les convertir en monnaies ;*

*3° Parce que la monnaie jouissant d'une valeur plus
grande, du consentement de la société, cette valeur est, par sa
nature, plus stable que la valeur naturelle, qui est sujette aux
oscillations propres des éléments qui la constituent.*

Nous ne pourrions, sans trop nous répéter, poursuivre
longuement l'analyse de chacun des points que nous
avons déjà touchés, car devant, plus loin, prendre en
considération l'ensemble de la question, il faudra en

parler de nouveau, et nous mettrions peut-être à bout la patience du lecteur. « L'économie politique, dit M. Thiers, est l'*ennuyeuse littérature;* » tâchons donc de ne pas augmenter sa fâcheuse condition.

Mais, en finissant cet article, qu'il nous soit permis de rappeller deux faits : 1° que les trois propositions fixées au commencement de cet écrit, qui, selon nous, restent démontrées, mettent en évidence l'existence de phénomènes dont les économistes ont vainement essayé de donner l'explication; 2° que, connues comme elles le sont, les lois naturelles qui fixent la valeur du travail humain en général (frais de production, offre et demande), il reste sur pied la difficulté d'assigner un principe, une loi de laquelle dérive le principe correspondant à la monnaie, et que des faits jugés anormaux dans la science ne pouvant exister sans une raison d'être, il importe, dans l'intérêt même de la science, de chercher sa source, sentant la nécessité d'abandonner le terrain si souvent parcouru sans profit.

Telle est la tâche que nous nous proposons de remplir dans l'article suivant, dans lequel nous ajouterons les preuves directes de notre théorie, celles présentées jusqu'ici devant être considérées comme indirectes.

THÉORIE DE LA MONNAIE.

I

« Il doit y avoir, comme on vient de le dire, une mesure
« commune, et c'est à la vérité le besoin qui est le lien com-
« mun de la société, parce que si les hommes n'avaient pas
« de besoins ou si ces besoins étaient de même nature, les
« échanges n'existeraient pas ou ne se feraient pas de la
« même manière. Par suite de convention, la monnaie a été
« pour ainsi dire substituée au besoin, et c'est pourquoi on
« lui a donné le nom de *usage, convention*, parce qu'elle doit
« son existence à la loi et non à la nature et que de nous
« dépend de la changer et de lui retirer son utilité...
« Mais, même en supposant qu'aucun besoin ne se fasse
« sentir actuellement, l'argent est pour nous *comme une ga-*
« *rantie que l'échange pourra se faire plus tard, si besoin est,*
« *parce qu'il est permis à celui qui le donne de prendre ce dont*
« *il a besoin.* »
(Morale d'Aristote, livre 5, ch. V.)

L'histoire de la monnaie, bien que très-intéressante au
point de vue de la numismatique, n'a pas conduit cependant à produire jusqu'à présent une conclusion scientifique
capable de débrouiller les idées plus ou moins absurdes
que l'on s'est formées sur le principe fondamental de sa
création. C'est ainsi que, ne pouvant trouver un fil his-
torique qui nous guide dans l'obscurité des temps passés pour remonter à la source de cette institution, nous
avons été forcé de pénétrer au fond même du besoin

qui l'inspire pour en déduire la notion propre de son service. La lumière incertaine que projette l'histoire sur la création de la monnaie semble avoir contribué plus à perdre qu'à diriger la marche de l'esprit humain dans la recherche de la vérité sur cette matière, car les erreurs dominantes (comme toutes celles qui touchent à l'économie politique) sont venues principalement des hommes illustres qui ont essayé de l'approfondir. On les a vus, en effet, confondant le service de la monnaie avec celui de la matière qui la compose, la proclamer la richesse par excellence. On les a vus, tourmentés par cette idée, inventer des systèmes ingénieux mais impossibles, pour attirer la marchandise convoitée, sans s'arrêter aux procédés les plus violents et les plus compliqués. On a vu, enfin, des rois et des gouvernements, qui, déjà célèbres à plus d'un titre, prétendaient augmenter, selon leur caprice, la valeur des monnaies, rien qu'en falsifiant le poids ou le titre des métaux, en leur conservant leur ancienne dénomination. Comme par un effet de réaction dans les idées, nous voyons aussi les premiers hommes de la science attribuer leur *valeur d'échange* exclusivement à la *valeur naturelle* des métaux, comme si elles étaient des marchandises désirées par tous en vertu de leur propre qualité. Il semblerait que les institutions humaines, même les plus heureuses, devraient toujours se ressentir de la faillibilité de leurs auteurs.

A l'image des théories erronées qui ont dominé en matière de gouvernement, se sont créées celles qui, pendant longtemps, ont prévalu en matière de monnaie. La nécessité bien reconnue de créer un pouvoir social assez fort et efficace pour protéger les droits naturels des hommes, on commença par accorder cette mission à

ceux qui, par leur prudence, leur illustration, et, plus
que par tout cela, par leur renommée militaire et même
par leurs crimes, avaient gagné la gratitude ou la soumis-
sion des peuples. Avec le temps, l'ambition et l'ignorance
dénaturalisant le principal objet de cette mission, prirent
argument de l'obéissance traditionnelle des nations pour
supposer ces hommes supérieurs aux autres; êtres pri-
vilégiés qui auraient reçu du ciel le droit de gouverner
leurs semblables. Telle fut l'origine de ce qu'on appelle
droit divin des rois. Dans la constante lutte de la vérité
avec l'erreur, la réaction des idées ne connaissant pas
toujours un point juste à ses aspirations, va fréquem-
ment aux extrêmes; ainsi elle a souvent voulu supplan-
ter cette grande imposture à la méconnaissance absolue
du droit de l'autorité. Extrêmes vicieux qui, mettant à nouveau en question le besoin d'un gouvernement, ont ébranlé
les bases de la société et rendu nécessaire de remonter à
l'origine et au but de sa création, pour que cette grande
institution revendiquât ses droits légitimes et fût de
nouveau assise sur un point juste et convenable! De la
même manière, la malice et l'ignorance dénaturalisant
le caractère propre de la monnaie, ont égaré pendant
longtemps sa vraie notion, et ont lancé les nations dans
les procédés les plus déplorables. Les économistes du
siècle dernier essayèrent de la rétablir dans son propre
sens; mais guidés par un esprit tant soit peu réaction-
naire, ils tombèrent aussi, selon nous, dans des erreurs
qui, si elles sont moins préjudiciables, induisent toujours à confondre les principes sains de la science. En-
trons en matière.

La division du travail, loi naturelle de l'avancement
social, amena comme conséquence nécessaire la pensée

de faciliter les échanges de produits, sans lesquels ils ne pouvaient exister. Dans les divers points où l'industrie se développait, ce besoin dut se faire sentir, et comme il n'y avait qu'un principe capable de le satisfaire, ce principe dut tôt ou tard se faire sentir partout. Il fallait faire intervenir la *confiance*, lui donner corps pour faciliter la circulation des promesses respectives des hommes et éviter de cette manière les grands embarras que présentait le troc, première forme de l'échange. Telle a été, à notre avis, l'origine de la monnaie.

Dans ses premiers pas, elle dut être l'objet de constantes discussions relativement à sa valeur, et sa circulation dut se trouver très-entravée dans l'orbite restreint dans lequel elle agissait ; mais enfin, l'essence de son service correspondant à un besoin urgent, le champ du crédit dut s'agrandir de plus en plus et arriver à dominer, dans sa marche civilisatrice, les obstacles élevés par le manque de sincérité et la méfiance, fils de la barbarie. Les divers moyens qu'employèrent les peuples pour satisfaire au même besoin tournèrent tous autour du même principe : LE CRÉDIT. Le sel, le cuir, les coquillages, le fer, le cuivre, l'argent, l'or, etc., furent ses diverses formes, qui, ayant pour but une même fin, se fondirent ensemble, si nous pouvons le dire ainsi, dans ces matières, qui présentaient le plus d'affinité avec le moteur qui les dirigeait. En effet, les métaux précieux se rapportant éminemment au service désiré, aidèrent à rejeter du marché les grossiers équivalents du crédit qu'on avait créés ; de même que les métaux précieux arrivèrent à céder le pas à une autre forme plus parfaite, les titres fiduciaires, forme qui, se rapprochant plus de l'idée pure du crédit, qui en elle-même est incorporelle, est d'autant plus active et parfaite qu'elle se revêt moins de la matière. Mais n'avançons pas trop et reprenons le fil interrompu.

La division du travail, avons-nous dit, détermina le besoin de l'échange; mais il dut, sans la confiance, rencontrer de graves difficultés : 1° parce que le service offert trouve difficilement qui le désire; 2° parce que même celui-ci trouvé, on n'obtiendrait pas toujours le service demandé; 3° parce qu'il serait impossible que les services pussent se diviser à l'infini, pour qu'ils s'échangeassent en proportion juste et conforme au besoin.

Mettant de côté la part de satisfaction que le commerce pût donner à ses besoins, ils ne purent être trouvés complets et efficaces que par le *crédit*.

En effet, en approfondissant un peu le besoin que nous venons de signaler, l'on voit que l'on approche de l'absurde en essayant de le satisfaire d'une autre manière qu'en introduisant la *confiance* dans les échanges. Interposer en eux un troisième élément qui, comme le prétendent les économistes, soit en lui-même objet et moyen d'échange, c'est aspirer à l'impossible, car il est évident que si la monnaie était proposée à chacun, non avec le caractère qui lui vient du *crédit*, mais bien pour son mérite intrinsèque, au lieu de faciliter les échanges en l'y introduisant, on n'aurait fait que les compliquer sans profit. Entre mille personnes à qui on offrirait de l'or, il y en aurait peut-être une qui serait disposée à le recevoir pour l'utilité qu'il pourrait en retirer. Il a donc fallu que la monnaie, pour satisfaire au besoin pour lequel elle a été créée, agît dans l'évolution de l'échange comme certaines matières dont se sert la chimie pour amalgamer les corps les plus étrangers, qui, faisant leur service, ne laissent rien d'elles-mêmes dans leur passage fugitif. Pour l'obtenir, il faut que ce *medium* des échanges assume les conditions nécessaires à exclure la méfiance relativement à sa valeur; qu'il éloigne toute incertitude provenant de l'oscillation constante et propre de la *valeur naturelle* : il faut, en un mot, que la monnaie s'assimilant, autant que possible, à la *confiance*, prenne une valeur uniforme et permanente.

En faveur de la clarté, rappelons le similé présenté par Smith pour lui faire l'application de ces principes.

« Un boucher, dit cet auteur, a dans sa boutique plus de viande qu'il n'en peut consommer; le brasseur et le boulanger en achèteraient avec plaisir une partie, mais ils n'ont à offrir en échange autre chose que les différents articles de leur commerce, et le boucher a déjà tout le pain, toute la bière dont il peut avoir besoin pour le moment Dans ce cas, un échange entre eux ne peut avoir lieu. Ni l'un ne pourra être acheteur, ni les autres vendeurs; tous sont dans l'impossibilité de se rendre service. Pour éviter cet inconvénient, tout homme prévoyant dans chaque période de la société qui suivit l'établissement de la division du travail, dut naturellement s'arranger de manière à avoir sous la main en tout temps, en dehors des produits de sa propre industrie, une certaine quantité de quelque marchandise qui fût de telle nature, qu'elle convînt au plus grand nombre de personnes en échange des produits de son industrie [1]. »

Il est facile de comprendre, en faisant un peu attention, que le moyen indiqué par l'illustre économiste ne satisfait pas au besoin qu'il a présenté lui-même, car il n'y correspond pas du tout. Si le boucher avait le

[1] Ouvrage cité. t. I. p. 28.

désir de vendre sa marchandise, et si le brasseur et le
boulanger qui en avaient besoin ne possédaient pas des
objets à sa convenance, il n'était pas naturel, comme le
suppose Smith, qu'ils cherchâssent, pour ce cas et d'autres
semblables, *une marchandise qui fût utile pour tous* Comment pourrait-on, en effet, en trouver une qui en tous
temps et en tous lieux fût par tous acceptable? Nous ne
le comprenons pas. Ce qui semble naturel est d'avoir recours à la confiance, c'est-à-dire au *crédit*, unique élément
en harmonie avec un tel besoin et qui soit capable d'autre
part de satisfaire à ces exigences compliquées. Il serait
donc tout naturel que le brasseur et le boulanger s'obligeas-
sent à donner l'équivalent de la viande dont ils avaient besoin en leurs propres produits ou autres qu'ils auraient
pu obtenir par eux, et en attendant de les payer au boucher, lui donner des gages de sécurité avec l'obligation
de les retirer à un terme désigné. Gages divers dans leur
origine qui se présenteraient dès le principe pour leur
valeur propre approximativement; mais qui s'uniformant
et s'étendant en vertu de l'accomplissement répété des
contractants, circuleraient de plus en plus facilement jusqu'au point de faire abstraction de leur valeur intrinsèque, car il arriverait un jour où l'important ne serait
plus la *valeur naturelle* de ces gages, mais bien la sécurité, jamais démentie, qu'on les accepterait dans tous les
échanges pour une valeur déjà reconnue. L'essentiel serait le *crédit*[1].

___

(1) A l'appui de cette opinion, nous pouvons présenter celles de Platon et
d'Aristote, qui la confirment d'une manière plus ou moins explicite.

« — Comment pourraient nos concitoyens, dit le premier (dans l'origine
« des peuples), se partager leur travail ?

« — Il est évident que ce serait par des ventes et par des achats

On pourrait mieux s'apercevoir du sens faux que Smith a donné à la question, si nous admettions pour un moment que la confiance dans les métaux précieux arrivât à cesser et que nous restassions sans cet agent de la circulation. Comment le remplacerait-on? Serait-il naturel que l'on prétendît chercher une marchandise qui conviendrait à tous? Nous ne croyons pas qu'il y ait aujourd'hui personne qui, réfléchissant sérieusement à la

« — Un marché serait donc nécessaire ainsi qu'UNE MONNAIE, SYMBOLE
« DU CONTRAT. » (République de Paton, liv. 2.)

Le second est encore plus explicite :

« C'est le commerce, dit-il, qui, dirigé par la raison, a imaginé la mon-
« naie. Il n'était pas commode de transporter au loin ses produits pour en
« amener d'autres, sans être certain de rencontrer là ceux que l'on cher-
« chait et si ceux que l'on portait seraient de convenance. Il pourrait
« arriver ou qu'on n'ait pas besoin du superflu des autres, ou qu'ils n'aient
« pas besoin du nôtre. On convint donc de se donner et de recevoir récipro-
« quement en échange une autre chose qui, en plus de sa valeur intrin-
« sèque, aurait la commodité d'être maniable et d'un transport plus facile,
« soit du fer, de l'argent ou autre objet que l'on détermina au commence-
« ment par son volume ou par son poids et qui ensuite fut marqué avec un
« signe distinctif de cette valeur, pour ne pas avoir l'embarras de mesurer
« et de peser à chaque instant *...

« Néanmoins, pour se convaincre que l'argent n'est qu'un être fictif et
« que toute sa valeur lui vient de la loi, il n'est besoin que de changer
« l'opinion de ceux qui l'emploient, pour qu'il perde son utilité. A quel
« besoin de la vie pourrait-il satisfaire ? A côté d'un tas d'or on manquerait
« des aliments les plus indispensables... témoin ce Mydas de la fable à qui
« le ciel, pour châtiment de son avarice insatiable, avait accordé le don de
« convertir en or tout ce qu'il toucherait. » (Politique d'Aristote, liv. 1,
ch. IX.)

* Voilà beaucoup de la vraie théorie de la monnaie. Si au milieu de tant
de bon sens, nous trouvons quelques pensées qui à la rigueur ne soient pas
acceptables, telles que attribuer à la loi une influence qui n'est propre que
du consentement spontané et universel des hommes, le fond de la pensée
est lumineux et s'approche de la vérité. Le grand philosophe a cependant
oublié de désigner à quelle catégorie correspond la monnaie. Si Aristote
avait voulu être moins général dans ses connaissances et que l'*économie
politique* eût mérité de lui une étude plus étendue et à laquelle il se fût
consacré davantage, le monde aurait connu il y a deux mille ans cette
science que combat dans sa marche pénible tant l'ignorance des masses
que les erreurs des savants. — L'AUTEUR.

difficulté, admette une semblable solution. Supposons que, dans ce cas extrême, on prétendît faire circuler comme monnaie les perles ou pierres précieuses, objets ayant quelques qualités favorables à ce service; serait-il possible de les faire admettre universellement en vertu de leur propre utilité? Il nous semble hors de toute probabilité qu'une semblable idée n'arriverait à qui que ce soit, et encore moins qu'elle pût jamais se réaliser. Ce qui résoudrait le problème d'une manière unique serait que. en vertu de la nécessité, il se formât peu à peu un consentement général pour admettre un objet approprié au cas qui représenterait la *valeur*; et que, en vertu de cette convention, expresse au commencement et tacite plus tard, il se fût introduit dans l'échange jusqu'au point d'uniformiser partout sa circulation. La sécurité une fois acquise par quelques-uns, qu'un objet reçu serait accepté dans un échange ultérieur pour une valeur équivalente à l'objet donné, serait la seule cause capable de pousser les autres à le recevoir et d'assurer au monde ce lien civilisateur qui l'enchaîne et en forme une seule société.

II

Si nous appliquons d'une manière convenable les moyens dont nous pouvons disposer pour arriver à la connaissance intime des sciences morales et politiques, l'*observation* et l'*induction*, nous trouverons qu'en approfondissant l'essence de la monnaie, deux éléments constitutifs de son pouvoir se présentent : 1° LA VALEUR NATURELLE *sous la forme du métal;* 2° LE CRÉDIT *représenté, comme symbole de la valeur, dans la plus grande valeur dont il jouit et dans sa générale acceptation.* Ces deux éléments se complétant l'un par l'autre, forment l'ingénieux appareil de l'échange. La limite inférieure de l'échelle de sa valeur est exclusivement déterminée par le premier, et le second en marque exclusivement la limite supérieure. Le premier eut une importance prépondérante dans son principe ; le second le domina bien vite et s'établit d'une manière permanente, ne laissant à l'autre qu'une très-faible influence [1].

(1) Quand les armes victorieuses de la Colombie prirent possession du Nouveau-Royaume de Grenade, en 1819, on trouva dans l'hôtel des Monnaies de Bogota une forte somme en monnaies d'argent et de cuivre, qui contenaient plus de la moitié du métal fin (0,582 1/2) qui correspondaient à la dénomination qu'on leur donnait. Cette monnaie avait été recueillie dans l'intention plausible de la frapper de nouveau en la rétablissant à son titre légitime. Mais les besoins urgents du gouvernement républicain le poussèrent non-seulement à la mettre de nouveau en circulation, mais encore à continuer l'émission jusqu'en 1833 de monnaies d'argent plus ou

En effet, la monnaie circulant dans l'univers entier, se léguant d'une génération à l'autre, du consentement général il a été établi non-seulement l'admission de ces métaux comme représentant de la valeur, mais aussi, ce qui est plus transcendant, comme sa propre mesure, motif pour lequel le *crédit* l'a habilité, en tant qu'élément de la monnaie. Si cet agent des échanges doit correspon-

moins falsifiées, gardant comme bénéfice une partie du métal fin qu'on lui confiait. Les autorités essayèrent de cacher par tous les moyens possibles la fraude qu'elles faisaient, et dans cette intention, elles établirent que cette mauvaise monnaie serait admise dans tous les payements au pair de la légitime espagnole, qui circulait dans le pays en quantité considérable. En même temps les titres et poids légitimes de la monnaie d'or, avec laquelle on faisait face au commerce étranger, furent maintenus, circonstance casuelle mais très-efficace pour que, unie à l'habitude déjà formée au moyen de la fraude, on facilitât grandement la circulation de cette fausse monnaie.

Cette situation dura vingt-huit ans. Dans les quinze premières années, il n'y eut aucune différence entre l'une et l'autre ; mais dans les treize dernières, le commerce extérieur commençant à s'étendre, il s'établit peu à peu une prime sur l'or qui ne dépassa cependant pas six pour cent, et même pour les bonnes piastres espagnoles, c'est à peine si elle arriva à trois pour cent. En 1847, on lança une loi par laquelle le gouvernement retirait son appui à la monnaie fausse, et l'on ordonna que dorénavant on ne la recevrait au trésor public qu'en relation avec les monnaies française, sarde et belge, selon la quantité de métal fin qu'elles contiendraient ; de là une dépréciation de vingt-cinq pour cent tomba de suite sur cette monnaie.

En passant, nous ferons noter que l'ignorance, confondant la nécessité d'améliorer le système monétaire avec le moyen employé, applaudit à cette mesure inconsidérée qui fit retomber sur quelques individus, victimes de la force, la perte de tout ce que le gouvernement lui-même avait retenu à son profit, sans vouloir prendre un expédient plus conforme à la justice, malgré la clameur violente des dépossédés qui n'obtinrent pas même de se faire entendre. Qu'il est pénible de voir combien sont arriérés les principes sains dans ces matières, même chez des personnes illustres !

Notez bien dans ce fait singulier que ce ne fut pas en vertu de la *valeur naturelle* des métaux que cette monnaie falsifiée s'échangea pendant tant d'années, sur le même pied que la légitime. Ce qui arriva fut que l'élément *crédit*, dont nous avons signalé la valeur, se prêtant à une élasticité inconnue dans les autres marchandises et propre seulement du *crédit*, augmenta son efficacité jusqu'au point de remplacer par sa présence tout le métal qui lui manquait.

dre au besoin qui l'a créé, il faut que non-seulement il soit généralement admis, mais encore qu'il jouisse d'une fixité de valeur; car en le croyant dépouillé de cette qualité, il descendrait à la condition de simple marchandise et par conséquent assujettie aux oscillations inséparables de la valeur naturelle, ce qui rendrait son service inutile.

Mais ce second élément est sujet à perdre de sa force dans les cas très-extrêmes. Ceci se vérifierait quand l'abondance des métaux précieux prendrait des proportions énormément considérables ; quand avec des motifs fondés on pourrait craindre une production tellement exubérante et tellement peu coûteuse que la qualité de sa rareté ne fût mise en péril. Dans ces moments la confiance vacillerait et, à la fin, vaincue par la crainte, ouvrirait la porte au discrédit. Dans une semblable hypothèse, la monnaie perdant la faveur que la confiance lui avait accordée, cesserait d'être l'agent des échanges et resterait soumise à l'inflexible loi économique comme toute autre marchandise.

Ce phénomène se présenta dans le dernier quart du xvi⁰ siècle, quand il y avait près de quatre-vingts ans que l'on extrayait des mines d'Amérique des quantités considérables du précieux métal [1], quand l'esprit romantique des conquérants maintenait le monde entier, comme en suspens, dans l'attente de la découverte du *pays d'or* toujours promis. Mais enfin, une fois la confiance rétablie, non-seulement on vit s'arrêter la baisse des métaux,

---

(1) Il faut observer, dit Smith, que la découverte des mines d'Amérique ne paraît pas avoir influé d'une manière sensible sur le prix des choses en Angleterre avant 1570 (*quatre-vingt-deux ans après cet événement*), quoiqu'il y eût déjà plus de vingt ans que les mines du Potosi avaient été découvertes. (T. I, p. 249.)

mais encore, le principal élément de la monnaie que nous avons indiqué agissant énergiquement, il se détermina une réaction qui se faisait déjà fortement sentir au commencement de notre siècle, quoique la production de ces métaux continuât à être toujours plus considérable, bien que plus régularisée. Dans un intervalle de trois siècles les riches régions d'Amérique et d'Australie remirent le monde en danger d'une pareille transition. La terreur s'empara d'un des pays les plus commerçants d'Europe; mais heureusement il ne passa pas de là, quoique partout on trouvât les esprits plus ou moins surpris à la vue de cet événement. L'or, cependant, se soutint contre les prévisions qui paraissaient les plus fondées, grâce au puissant élément qui, incarné dans la monnaie par l'effet du crédit, refléta sur lui sa mystérieuse influence.

Il est facile de déduire de ces faits que si la monnaie était une simple marchandise, elle ne serait pas sujette à ce danger subit, ni d'un autre côté libre de celui toujours déterminé par l'abondance. Toute marchandise 'aurait suivi pas à pas cette abondance en y marquant par une baisse relative l'influence indéclinable des lois économiques.

Ainsi se présente à notre imagination une balance rendue juste par l'équilibre que l'offre et la demande maintiennent dans ses plateaux; balance délicate qui, dans l'ordre naturel, perdrait inévitablement son niveau en recevant dans l'un d'eux la quantité de marchandise communément offerte et qui indiquerait, par une baisse graduelle, l'augmentation de la production, mais qui, quand il s'agit de monnaie, maintient toujours en équilibre la balance, quoique on y augmente beaucoup la quantité que l'on y mettait d'ordinaire.

Au moyen du *crédit* les sociétés ont vu s'augmenter prodigieusement les échanges, et avec eux la richesse et la civilisation. Mais quelque efficaces qu'aient été les efforts employés dans son développement, la méfiance n'a pu et ne pourra jamais disparaître complétement, car on voit en elle un des obstacles que la Providence paraît avoir voulu élever entre les hommes pour empêcher le perfectionnement de la société. Cette méfiance, qui a toujours, à quelque degré, existé en elle, a créé la nécessité de donner au *crédit*, comme agent des échanges, une forme tangible, pour que, assumant certaine *valeur naturelle*, elle arrive à surmonter l'obstacle indiqué. L'or et l'argent, comme nous l'avons dit, prépondérèrent entre les divers objets essayés dans ce but ; mais ces métaux, malgré leurs grandes qualités, portent en eux-mêmes des inconvénients qu'il n'est pas possible d'écarter ; inconvénients nés de la différence substantielle qui existe entre l'idée que l'on a voulu représenter et l'objet adopté dans ce but ; entre ce qui est incorporel et ce qui est matériel Le *crédit*, en effet, est une idée morale ; la monnaie qui s'est mise en son lieu et place n'est que cette idée réfléchie dans la matière. Aussi, incapable de correspondre en tout au principe qui l'a créée, elle souffre de ses imperfections et impose des sacrifices propres de sa condition.

Ils consistent : 1° Dans le travail employé pour l'extraction et le bénéfice des métaux, qui est perdu pour la société ; 2° dans les frais de transport et de conservation de
la monnaie qui se résolvent par des sacrifices addition-
nels qu'elle s'impose aussi à elle-même ; 3° dans la variabilité de la *valeur naturelle* des métaux ; et 4° dans sa divisibilité limitée [1].

Les deux premiers défauts subsisteront toujours, quelle
que soit la matière qui représente le moyen circulant ;
mais les derniers ont été heureusement corrigés, comme
nous allons l'expliquer.

Les dangers qui dérivent de l'instabilité de valeur des
marchandises sont indéclinables dès qu'on les abandonne
à leur cours libre et naturel. Comment éviter, en effet, la
hausse ou la baisse dans le prix des journées d'ouvriers ?
Comment empêcher pour les capitaux la hausse ou la
baisse fixée à leur service ? Comment établir d'une manière permanente la valeur de la terre ? Ces éléments mul-
tiples consécutifs de la *valeur naturelle*, étant sujets à des
variations constantes, devront opposer de graves difficultés à la création de la qualité essentielle de la monnaie :
la stabilité de sa valeur. L'embarras est vaincu, cependant, par l'augmentation de valeur que la société entière
a concédée aux métaux dont elle se forme, et par leur
acceptation générale et non interrompue comme ses représentants. Par ces moyens, les métaux précieux, communément, sont libres de ce défaut.

L'instinct des hommes n'a pas été moins sagace lorsqu'il a tourné la difficulté provenant de la divisibilité
limitée des métaux.

---

[1] Il est bien entendu qu'on ne parle pas ici d'une manière absolue.

Il paraît naturel que l'on aurait adopté un seul d'entre eux pour représenter le *crédit ;* mais la matière devait s'arrêter bien promptement à une limite au delà de laquelle il eût été impossible de suivre l'immense extension de l'idée représentée. On a donc choisi divers métaux pour compléter cette échelle indispensable, vu la multiplicité et la variété infinie des échanges. Comme point culminant de la valeur, on a adopté l'or. Ce métal, par sa rareté et sa coûteuse extraction, donne une haute limite à sa *valeur naturelle*, plus élevée encore par l'effort de la société. Cette matière, divisée et subdivisée, arrive à la fin au point que, malgré son très-petit volume, elle représente encore une valeur trop importante pour les articles d'échange constant. Si on suivait plus avant dans la subdivision de l'or, on tomberait dans l'inconvénient de faire des pièces presque imperceptibles, faciles à se perdre. Il fut alors nécessaire d'obvier à la difficulté en introduisant l'argent, métal moins coûteux. On continua la subdivision dans cette matière ; mais on devait arriver aussi, dans quelques parties, à un terme où la difficulté se représenterait. On eut alors recours au cuivre comme dernière expression de la subdivision de la monnaie.

Tels furent les moyens employés pour écarter cet embarras ; mais les métaux devaient encore présenter de nouveaux obstacles. Comment fixer d'une manière permanente leur valeur entre eux, pour qu'ils pussent se recevoir indistinctement l'un pour l'autre ? Comment faire pour que, *vu la diversité* des représentants d'une *seule idée*, LE CRÉDIT, ils assumassent l'*unité de valeur* désirable ? Si l'on supprimait l'argent et le cuivre, nous avons déjà signalé l'impuissance dans laquelle se trouverait l'or, par lui-même, pour descendre dans l'échelle de la valeur de

tout ce qu'exigent les plus communs besoins. Si, au contraire, on le supprimait et que l'on adoptât seulement
l'argent par l'extrême opposé, ou même par les deux
extrêmes, il serait inhabile à remplir le service demandé.
Dans les échanges importants, en effet, la quantité de
métal devrait être si considérable, que son intervention
arriverait à être un préjudice; par contre, dans ceux de
peu d'importance il ne pourrait pas se diviser sans arriver
à des dimensions telles qu'il ne remplirait pas le but de
son active circulation. Il a donc fallu se conformer au
moyen admis, quelque imparfait qu'il paraisse, et tâcher
de proportionner entre eux, d'une manière fixe et inva-
riable, la valeur des divers métaux qui composent le
moyen circulant. Heureusement cet obstacle a été vaincu
dès que l'on a obtenu de fixer la valeur de la monnaie en
comparaison avec les autres marchandises, car on en a
vu naître aussi la proportion stable de valeur entre les
deux métaux qui sont restés pour fonctionner comme
tels. Voilà l'organisation de l'appareil des échanges, qui
n'est autre que la représentation matérielle du *crédit*.

Il ne sera pas de trop de donner ici une preuve, bien
qu'elle soit concluante, de ce qu'il y a d'arbitraire dans
tout cela.

Le marquis Garnier, dans son intéressante histoire de
la monnaie, donne une notice détaillée des valeurs relatives de l'or, de l'argent, du cuivre, du fer, etc.... dans
une période de temps considérable. « Le fer, dit-il, dut
suivre le sort de toutes les marchandises de notre hémisphère, et son prix en argent dut éprouver la hausse générale causée par la valeur moindre du nouvel instrument
d'échange. Il est donc présumable que le quintal, poids
de marc, de ce métal dans les pays de l'antiquité qui le

produisaient ou dans ceux qui s'approvisionnaient par la voie ordinaire du commerce, devait valoir au moins cinq drachmes attiques ou, en poids d'argent, sept scrupules et demi, ce qui établit la proportion de la valeur entre le fer et l'argent à raison de 1 à 5850. . . . . Aujourd'hui (1819) ces relations suivent une progression très-distincte, parce que le prix moyen du fer dans tous les pays d'Europe où ce prix n'est pas dénaturalisé par les monopoles ou la prohibition, établit la relation du fer avec l'argent en raison de 1 à 1084 [1]. »

Dans le cours des 42 années écoulées depuis que le marquis Garnier a écrit ces lignes, le fer a au moins doublé de valeur; aussi, prenant les deux points extrêmes de l'époque mentionnés, on peut noter que sa valeur s'est accrue depuis une proportion de 5850 de fer pour 1 d'argent jusqu'à celle qui existe aujourd'hui entre ces métaux, qui est de 500 pour 1.

Mettant en comparaison la valeur du cuivre avec celle de l'argent, on observe aussi une forte différence à la fin de la période que nous avons embrassée, et cela était naturel. Le cuivre a cessé d'être une monnaie; c'est à peine s'il sert aujourd'hui dans quelques points du globe comme appoint en quantités insignifiantes. C'est ainsi que le cuivre, réduit à l'état de marchandise commune, souffre les vicissitudes propres à sa condition. Sa valeur, qui dans l'antiquité se calculait comme de 144 pour 1 d'argent, s'est augmentée d'autant si l'on établit aujourd'hui la comparaison entre ces deux métaux.

Que l'on voie donc combien considérable a été la disproportion dans laquelle se sont placées les valeurs de

[1] *Histoire de la Monnaie*, etc., par le marquis Garnier, t. I. p. 254.

ces métaux, beaucoup plus grande encore si nous nous référons au fer mis en relation avec l'argent. Mais le même fait ne s'est pas présenté dans les valeurs relatives de l'or et de l'argent, qui seuls sont restés pour servir de monnaie universelle. Ecoutons Garnier :

« Les lois des empereurs romains et le témoignage d'Hérodote nous diront que la relation de valeur entre l'or et l'argent chez les anciens, à ces deux époques si éloignées, était, ce qu'elle est encore aujourd'hui (1819), dans la proportion de 15 à 1 [1]. »

Maintenant, si nous rappelons que, depuis l'année dans laquelle écrivait Garnier jusqu'à ce jour, l'or n'a absolument pas baissé de sa valeur, ni en le comparant à celle des marchandises en général, ni en le comparant à celle de l'argent en particulier, quoique la relation de la quantité produite ait été dénivelée entre eux d'une manière considérable par l'augmentation prodigieuse de l'or, on ne pourra douter un moment de ce que ces deux métaux, s'écartant de toutes règles venant des lois naturelles, tombent sous l'empire de celles que leur prescrit leur caractère propre et spécial, de servir comme monnaies, qui est le *crédit*. Comment pourrait-on expliquer, si ce n'est ainsi, cette uniformité exceptionnelle que les valeurs des métaux ont soutenue entre eux pendant des milliers d'années? Peut-on présenter de semblables phénomènes pour d'autres marchandises? Imaginons-nous que par un événement quelconque les hommes vinssent à perdre la confiance déposée dans les métaux précieux, nous verrons clairement descendre leur valeur, non pas parce qu'il leur manquera un de leurs grands usages, mais principa-

---

[1] *Préliminaires*, etc., p. 11 de l'œuvre citée.

lement parce qu'ils perdraient immédiatement ce qu'il y a en eux de valeur fictive. Il est encore plus clair qu'en cas semblable l'or et l'argent, ni plus ni moins que le cuivre et le fer, resteraient, *ipso facto*, soumis à la loi commune de toute marchandise, et de là surgirait une telle variabilité dans leurs valeurs, qu'on verrait très-promptement se rompre la relation stable qui avait existé entre eux depuis tant de siècles.

IV

Au commencement de l'inondation de l'or que, semblable à la lave d'un volcan, on vit courir des mines de
Californie et d'Australie, sur tous les marchés du globe,
tout le monde resta absorbé, attendant avec terreur l'accomplissement, d'une heure à l'autre, des terribles conséquences indiquées par les lois économiques. La première devait être une baisse considérable dans la valeur
de l'or accumulé pendant tous les siècles antérieurs, et
devant causer ainsi un bouleversement général dans les
fortunes. La seconde devait amener l'abandon des mines
pauvres ou médiocres du Rhin, des monts Ourals et de
l'Amérique. Mais aucun de ces faits ne s'accomplit. L'or
subsista, tant sous forme de monnaie que sous toutes ses
autres formes, sans altération de valeur, en relation soit
avec les marchandises, soit avec l'argent. Les mines,
bonnes ou mauvaises, ont continué à être exploitées
comme par le passé, sans que la grande production des
nouvelles ait amené aucune perturbation dans ces spécu-
lations. Quelle est la raison de l'accomplissement de pa-
reils phénomènes? Un fait quelconque peut-il exister sans
être déterminé par une cause puissante à le produire?
Personne ne pourra soutenir une telle absurdité comme
un principe; mais, en fait, le problème reste encore sans
solution, parce que l'on n'a pas essayé d'abandonner la

routine connue et d'entrer de plain-pied dans la réalité des choses.

La monnaie, en sa qualité d'expression du *crédit,* dérive son utilité, comme les billets de banque, non de ses qualités spécifiques, mais de la confiance qu'elle est capable d'inspirer. Aussi a-t-il pu exister une production d'or immense et insolite sans que la source principale de sa valeur s'en soit affectée, car on n'était pas arrivé au point de voir apparaître ce sinistre fantôme appelé *panique,* que nous avons vu naître, de nos temps, du vide que laisse occasionnellement l'absence du crédit. Il est clair que si l'or n'avait pas servi de monnaie et eût eu, par cela même, préconstitué sa valeur et facilité d'avance sa circulation, il l'aurait perdu non-seulement en raison de son augmentation extraordinaire, mais encore par cela même qu'il n'aurait plus la qualité d'être rare, mérite principal que la vanité recherche dans les objets de luxe. Mais la monnaie ne se recevant jamais comme terme final de l'échange, mais étant le chemin par lequel nous devons passer pour obtenir le service désiré, possède les mêmes caractères que les billets de confiance, et ne peut conséquemment recevoir d'autres influences que celles qui agissent légitimement sur le *crédit.*

En effet, l'*utilité* étant la base de la valeur, et aucune différence ne pouvant exister entre celle que rend la monnaie comme telle et les billets de confiance, sa valeur se mesure, comme dans ces derniers, par le degré de sécurité avec lequel on l'admet. Ces deux entités souffrent donc, dans leur service commun, les mêmes influences, dérivées uniquement de celles qui affectent le crédit, duquel elles tirent leur existence.

Les mêmes économistes que nous avons cités dans l'introduction de cet écrit, contredisant plus ou moins leurs propres doctrines, ont donné un appui décisif à notre théorie dans les lignes que nous allons copier, bien que sans paraître l'avoir compris. Tant il est certain que la vérité, indomptable par nature, apparaît soit d'une manière, soit d'une autre, sous la plume de ceux-là mêmes qui la combattent!

Smith. « Les opérations d'une banque substituant le papier en place de la monnaie donnent le moyen de convertir, en grande partie, ces fonds morts (la monnaie) en fonds actifs et productifs. L'or et l'argent qui circulent dans un pays peuvent se comparer à une grande route qui servant pour faire circuler et conduire au marché les grains et fourrages que ce pays produit, n'est cependant pas capable par elle-même de produire ni un seul grain de blé, ni une seule feuille d'herbe [1]. »

Say. « Une seule qualité nous importe dans la monnaie, c'est qu'elle ait une valeur et qu'elle la conserve depuis le moment où nous l'achetons par une vente, jusqu'à celui où nous nous en séparons par un achat; et l'expérience nous enseigne que cette qualité peut résider dans les billets de confiance [2]. »

Ricardo. « Quand l'État est seul à battre monnaie, il ne peut y avoir de limite au droit d'en émettre, parce qu'en restreignant la quantité de numéraire, on peut en élever la valeur indéfiniment [3].

« C'est par ce principe que le papier-monnaie obtient le pouvoir de circuler. Toute sa valeur peut être considé-

(1) *Richesse des nations*, t. I, p. 39. (Nous prions le lecteur d'avoir présentes à la vue les premières pages de cet écrit.)

(2) Say, en note à l'œuvre antérieure de Smith. p. 62 et 63.

(3) *Principes d'économie politique*, t. II. p. 214.

rée comme un droit fiscal de seigneuriage. Bien que ce papier n'ait aucune valeur intrinsèque, si on en limite la quantité, sa valeur d'éhange peut égaler la valeur d'une monnaie métallique de la même dénomination et celle du métal brut.

« La monnaie a atteint son plus grand degré de perfection lorsqu'elle se compose uniquement de papier, mais d'un papier dont la valeur est égale à la somme d'or qu'elle représente [1]. »

S. J. MILL. « Les livres sterling ou shillings que chacun reçoit par semaine ne sont qu'une espèce de traites ou ordres de payement qui peuvent se présenter dans la boutique qui convient et qui donnent droit à recevoir certaine valeur en marchandises désirées [2]. »

ROSSI. « SUPPOSEZ UNE NATION COMPOSÉE TOUTE ENTIÈRE D'HOMMES PARFAITEMENT HONNÊTES, AVEC UN GOUVERNEMENT DIGNE D'ELLE, LA MONNAIE Y EST INUTILE. DES BILLETS DE CONFIANCE, DES FEUILLES DE CHÊNE, UN SIGNE QUELCONQUE DE DETTE ET DE CRÉANCE RÉCIPROQUES SUFFIRA DANS LES TRANSACTIONS COMMERCIALES [3]. »

COQUELIN. « On comprend bien, en effet, que la monnaie n'étant qu'un intermédiaire que le vendeur reçoit en garantie, afin de rencontrer ailleurs par son moyen, l'équivalent du produit qu'il a fourni, l'essentiel pour lui n'est pas de recevoir la monnaie qu'on lui donne, mais de rencontrer, quand il le veut, l'équivalent à quoi elle donne droit. Qu'on lui procure cette sécurité par un autre moyen, quel qu'il soit, de ce moment la monnaie devient inutile, et on peut y renoncer sans le moindre inconvénient. On

---

(1) Œuvre citée, t. II, p. 64.
(2) Œuvre citée de cet auteur, t. II. p. 206.
(3) Œuvre citée, t. I, lec. 10, p. 181.

peut admettre cette hypothèse avec une raison d'autant plus forte, que, dans le grand marché du monde, chacun vend ou achète successivement et quelquefois en même temps. Par les produits qu'on lui fournit ou les services qu'on lui rend, on arrive à être son créancier; par les produits qu'on lui prend, en devient son débiteur; et ordinairement les créances et les dettes s'équilibrent ou à peu de différence. Supposez donc, que par un procédé quelconque, les créances et les dettes puissent se compenser régulièrement; les unes et les autres s'éteindront chaque jour, et le grand objet des échanges s'exécutera sans l'intervention du numéraire. Voici précisément où l'on arrive par la pratique de la confiance commerciale, c'est-à-dire par le CRÉDIT [1]. »

« ON VOIT DONC QUE LE CRÉDIT, LORSQU'IL S'INTERPOSE ENTRE LES CONTRACTANTS, PEUT, MÊME DANS LES RELATIONS LES PLUS COMPLEXES, SINON REMPLACER LA MONNAIE, QUI NE SE REMPLACE PAS, POUR LE MOINS POURVOIR AU MOYEN DE NE PAS LA NÉCESSITER [2]. »

Lorsque la nécessité oblige les économistes à étudier les phénomènes propres de la monnaie avec l'absolue prescience des *règles de l'école*, la force des choses les amène face à face avec la réalité des faits. Là, son inflexible caractère leur impose, comme on vient de le voir, des déductions diamétralement opposées à celles qu'ils ont eux-mêmes soutenues en leur qualité de défenseurs orthodoxes d'une science qui, quelque avancée qu'on la considère, devra encore purifier beaucoup ses principes.

Ces contradictions et la singulière tendance que l'on

---

(1) Œuvre citée, ch. III, p. 99.
(2) Œuvre citée. p. 47.

remarque chez tous les écrivains, après avoir traité la question monnaie, de passer à celle du crédit, comme aussi de celle-ci on les voit infailliblement passer à l'autre, fait présumer qu'il y a quelque raison de force indéclinable qui les oblige à entrer dans la limite d'un cercle où ces éléments se touchent et se confondent. De là, nous tirons le criterium suivant, que nous a suggéré un souvenir de collége : « Lorsque, en expliquant deux objets, nous sommes conduits alternativement de l'un à l'autre, sans qu'il nous soit permis d'éviter le cercle vicieux, nous devons nous douter que les deux objets, distincts en apparence, ne le sont pas en réalité, et que notre entendement n'a à la vue qu'un seul objet, perçu sous deux raisons différentes. »

V

Comme sommaire de ce que nous venons d'exposer, nous rapporterons, pour conclure, quelques-uns des phénomènes propres de la monnaie, mettant en regard ceux qui, en pareil cas, sont spéciaux des marchandises. et des billets de confiance.

1°

La production des marchandises d'une même espèce ne peut s'exécuter, si ce n'est en conditions pareilles, tant en frais qu'en résultats, car dans l'ordre naturel, elles sont toutes soumises à une concurrence qui limite forcément son prix à la juste rémunération des services consommés dans sa production.

1°

En vertu de la valeur élevée et uniforme de la monnaie, soutenue par le tacite consentement universel, le travail dans les mines d'or et d'argent existe en conditions très-dissemblables. Les unes indemnisent à peine les services consommés dans l'extraction des métaux; les autres à la moindre demande produisent des richesses considérables. Cette cause, annulant dans la monnaie l'action de la concurrence, facilite la coexistence des entreprises de mines d'or et d'argent en conditions substantiellement dissemblables, sans aucun inconvénient.

2°

Les marchandises se produisent en quantité limitée par les besoins, sous peine de baisse dans leur *valeur naturelle* ou bien dans les frais de production.

2°

La monnaie peut s'augmenter en quantité de beaucoup supérieure à celle que l'échange paraît exiger ordinairement sans que sa valeur diminue par ce fait.

3°

Les marchandises ont une *valeur naturelle* (frais de production) qui arrive à se fixer comme *valeur d'échange*.

4°

La valeur de toute marchandise subit la hausse ou la baisse en raison de la rareté ou de l'abondance de la production, suivant pas à pas les irrégularités qui se présentent dans l'un quelconque des deux sens.

5°

Les marchandises ont leurs marchés circonscrits de telle manière, qu'elles ne peuvent en sortir sans le danger d'être soumises à des pertes plus ou moins considérables. Dans beaucoup de cas, leur translation incomplète peut leur faire perdre leur valeur intégrale.

6°

Lorsque les marchandises arrivent à être rares, elles imposent des sacrifices inévitables à la société, par l'élévation de leur valeur, sacrifices qui causent dans la richesse publique une diminution égale à l'augmentation de valeur qu'elles acquièrent.

3°

La monnaie ne circule pas pour sa *valeur naturelle;* c'est ainsi qu'elle échappe aux conséquences qui dérivent de ce fait.

4°

La valeur de la monnaie ne s'altère pas en proportion avec son augmentation ou sa rareté, libre, comme elle est, de suivre ces alternatives. Elle reste fixe au milieu de l'abondance, et s'augmentera, non en raison de sa rareté, mais en raison de l'augmentation des autres marchandises qui sont dans la nécessité de s'échanger.

5°

La monnaie circule en franchise par tout l'univers et à des distances de temps très-considérables, étant toujours reçue partout pour une valeur égale à celle pour laquelle elle a été reçue.

6°

Quand la monnaie arrive à être rare, elle n'impose de sacrifices à personne. Quand la demande en sera plus grande, son service élèvera sa valeur dans la mesure du besoin; mais cette plus-value venant à se remplir par le *crédit*, passera *gratis* à la société. Ceci peut se percevoir clairement si l'on note que la puissance d'échange s'élevant, uniquement dans la monnaie, tous les autres objets maintiennent entre eux la même relation de valeur.

7°

Les billets de confiance se re-
çoivent pour une valeur réelle et
effective, bien qu'il ne réside en
eux-mêmes aucune valeur vénale.
La base de leur utilité réside dans
la sécurité qu'a chacun qu'ils se-
ront admis dans les échanges
postérieurs pour une valeur équivalente à celle donnée, c'est-à-
dire dans le *crédit*.

8°

Les billets de confiance perdent
de leur valeur, non en raison de
leur émission, mais en vertu du
discrédit qui s'introduit dans le
commerce au sujet de leur récep-
tion ultérieure. C'est pour cela
qu'une fois discrédité, leur chute
ne connaît plus de limite et ne se
proportionne pas à l'excédant de
l'émission ordinaire, comme il arriverait pour toute marchandise,
mais au contraire va beaucoup
plus loin, quelquefois même jusqu'au point de perdre complète-
ment leur puissance d'échange.

7°

La monnaie se reçoit pour une
valeur positive, bien qu'en général son utilité intrinsèque soit
entièrement inutile pour celui qui
la reçoit. Nous sommes portés à
la recevoir, non-seulement par la
sécurité acquise de ce que dans
les échanges postérieurs nous
pourrons obtenir avec elle des
services équivalents à ceux que
nous avons fournis. Qu'y a-t-il
donc de commun entre la monnaie et les billets de confiance,
qu'ils puissent rendre un service
égal, étant en eux-mêmes si ma-
tériellement distincts? *Le crédit*.

8°

La monnaie ne perd pas sa valeur en raison de son augmentation, mais bien par la même
cause et de la même manière que
les billets de confiance. C'est un
fait prouvé dans le dernier quart
du xvie siècle, où l'on vit *baisser
tout à coup*[1] la valeur de l'argent,
malgré qu'il y eût quatre-vingt-
deux ans que l'on extrayait les
métaux précieux de l'Amérique.
La méfiance d'un moment produisit ce résultat qu'elle s'arrêta,
sans raison alors connue, pour ne
jamais reparaître. Ce fait arrive
en corroboration de ce que nous
présente la production extraordinaire d'or en Californie et en
Australie, durant beaucoup d'années, sans que ce métal ait absolument rien perdu de sa valeur,
comme il serait nécessairement
arrivé s'il ne servait pas de monnaie.

(1) Voir la note qui se trouve à la page 48.

9°

Les billets de confiance sont l'expression matérielle la plus perfectionnée que l'on connaisse du *crédit*. Ils ont supprimé dans la machine d'échange organisée avec la monnaie, une grande partie des métaux dont elle est formée, et les ayant remplacés par le *crédit*, on trouve pour la société, dans cette substitution, une utilité dérivée de ce que le *crédit* est un agent gratuit, et de ce que la matière qu'il remplace dans la monnaie est un agent onéreux. C'est pour ces raisons que là où se sont multipliées les banques de circulation, l'intérêt sur le capital en monnaie ou autre forme a baissé d'une manière si considérable.

9°

La monnaie, pour nous exprimer par une métaphore, est une machine à faire les échanges, formée de pièces d'or et d'argent dont le principal moteur est le *crédit*. Du crédit, lui vient la force d'attirer à elle les marchandises éparses sur tout le globe en tendance de s'échanger; de lui, la constante régularité avec laquelle se mesurent et s'estiment les services qui passent au travers de son ingénieux mécanisme; de lui, enfin, la faculté d'agrandir le service de la machine à mesure qu'augmente le besoin d'échange, sans qu'il soit nécessaire, d'un autre côté, de renforcer les pièces matérielles dont elle est formée.

CONCLUSION.

Au moment où le célèbre Descartes donnait à la presse
son « Discours sur la méthode, » il exprima dans l'introduction les même appréhensions que nous-même, simple
amateur de l'étude de l'économie politique, nous avons
éprouvées à la publication de ces lignes que plus d'une
fois nous avons abandonnées et reprises. « Cependant, di-
« sait cet homme éminent, il peut arriver que je me trompe
« et que ce que j'ai pris pour or pur et pour diamants ne
« soit que des morceaux de cuivre et de verre. Je sais com-
« bien nous sommes exposé à nous tromper en ce qui
« nous touche et combien doit nous être suspect le juge-
« ment favorable de nos amis. »

Nous, nous soumettons à l'opinion des personnes com-
pétentes, sous les mêmes réserves, une théorie qui, s'il
est peut-être possible qu'elle contienne la vérité, certainement ne renferme qu'une erreur : *cuivre et verre* où nous
avons cru trouver *or pur et diamants légitimes.*

Bogota, 1ᵉʳ mai 1861.

Paris. — Typ. PILLET fils aîné, 5, rue des Grands-Augustins.